www.ingramcontent.com/pod-product-compliance
Lightning Source LLC
Chambersburg PA
CBHW081003140626
46546CB00018B/3093
* 9 7 8 1 9 6 2 4 8 4 3 4 3 *